Original title:

Dämmerung

Copyright © 2024 Book Fairy Publishing
All rights reserved.

Editor: Theodor Taimla
Author: Isabella Ilves
ISBN HARDBACK: 978-9916-756-62-1
ISBN PAPERBACK: 978-9916-756-63-8

Vergehen und Kommen

Des Herbstes Blätter fallen leise,
vergilbt, verweht vom Winde sacht.
Ein letzter Hauch von Sommerweise,
der Abschied bringt in stiller Pracht.

Die Tage werden langsam kürzer,
die Nächte kühl, von Dämmer dicht.
Ein Wispern durch die alten Bürg'r,
verheißt des Winters frühtes Licht.

Vergangen sind die warmen Tage,
doch kehrt der Frühling bald zurück.
Die Zeit, sie rann in rascher Lage,
und doch im Kreise ist ihr Glück.

Ein Warten nur auf neues Leben,
wenn erster Hauch den Frost bezwingt.
Die Hoffnung, zart in Blütenstreben,
eur' Kraft erneut den Welten bringt.

So sei geduldig, Mensch, des Wandels,
denn stets ist Leben neu geboren.
Im Wechselpiel, im stet'gen Handels,
ist Neues uns als Glück erkoren.

Abendrot

In der Ferne sinkt die Sonne
verzaubert purpurrotes Glühn.
Der Tag legt seine müde Krone,
trägt Nacht zu den Sternen hin.

Wolken zieh'n wie Träume leise
durch das bunte Himmelszelt.
In des Abends stiller Reise
liegt die Ruhe, die er hält.

Da glimmt ein Licht in tiefer Ferne,
winkt der Nacht den Weg zurück.
Ein sanfter Glanz in den Sternen,
trägt der Nacht ihr stilles Glück.

Vergehendes Glitzern

Im Tau der Morgendämmerung,
glitzert das Gras wie tausend Sterne,
als würden Wassertropfen singen,
ganz nah, und doch in weiter Ferne.

Die Dämmerung birgt zarte Träume,
verhüllen sanft des Tages Last.
Und in dem Spiel der sanften Räume,
vergeht die Nacht in leiser Hast.

Ein letzter Funke, letzte Glut,
verstummt im ersten Licht der Zeit.
Ergreift den Tag mit neuer Mut,
schwebt fort im Glanz der Ewigkeit.

Schutz des Schattenlands

Im Reich der Schatten, tief versteckt,
dort, wo kein Licht die Stille bricht,
sanft der Mond im Dunkeln leckt,
beschützt das Land vor ferne Sicht.

Wenn Sterne heimlich Lieder singen,
dann webt die Nacht ein zartes Band.
In leisen Schritten Träume bringen,
umhüllt vom Schutz im Schattenland.

Verborg'ne Pfade, sanfte Weiten,
voll Stille, der die Nacht vertraut.
Hier können Herzen leis' begleiten,
im Dunkel, das wie Seide taucht.

Endendes Licht

Der Tag neigt sich, das Licht vergeht,
ein leiser Hauch durch Felder zieht.
Das Abendrot senkt sich und späht,
wohin das letzte Strahlen flieht.

Ein sanftes Wehen, stummes Flehen,
trägt Stille durch die Abendluft.
Die Schatten kommen leise, drehen
das Bild des Tags ins sanfte Duft.

In Ferne schwindet letzter Schein,
der Horizont still sich verhüllt.
Im Herzen bleibt ein Funkenschein,
der Hoffnung leise sich erfüllt.

Verborgene Tiefe

In stillen Wassern, ruhig und klar,
verborgen liegt des Wissens Schar.
Des Lebens Tiefen, unentdeckt,
in Träumen mir der Ozean schenkt.

Die Stille flüstert weise Wort,
aus ferner, unbekannter Ort.
Im Schatten fließt das Dunkel hin,
wo Seelen in der Tiefe sind.

Dort, wo der Grund nie Licht gesehen,
sind Schätze, die wir nie verstehen.
Im Dunkel glimmt ein fernes Licht,
das uns zur Klarheit leise spricht.

Mystik der Nacht

Der Mond, erleuchtet Firmament,
die Sterne tanzend, lieblich brennt.
In Schattenkissen ruht der Tag,
dieweil die Nacht geheimnisvoll lag.

Ein Wispern in des Windes Hauch,
erzählt von Geistern, die man braucht,
um Träume durch die Dunkelheit
zu führen in die Ewigkeit.

Die Eule ruft ihr Rätsel klar,
versteckt im Dunkel wird es wahr.
In diesem Tauchgang durch die Zeit,
darinnen wohnt die Ewigkeit.

Morgen Abschied

Der Morgen naht mit leisem Kuss,
weiß alles Schöne wird zum Muss.
Die Dämmerung zerreißt die Nacht,
unvorsichtig, doch sanft gemacht.

Das Licht vertreibt die Träume sacht,
in denen wir noch sind erwacht.
Ein Blick zurück, das Herz tut weh,
jedoch der Tag verspricht so viel.

Mit jedem Strahl ein neuer Tag,
der Abschied oft so schmerzlich lag.
Doch in dem Licht ein neuer Schein,
der uns entführt, der uns befreit.

Wechsel der Stunden

Im Takt der Zeit, so unbestimmt,
zeigt jede Stunde, was sie nimmt.
Die Sonne wandert, ruht dann sanft,
während der Mond sein Licht uns schenkt.

In Stunden wechselt was wir tun,
vom Aufgang bis zum stillen Ruhm.
Des Lebens Stimme, laut und klar,
führt uns durch Zeiten wunderbar.

Im Schatten gleitet Tag zur Nacht,
die Uhr vom Sternenhimmel lacht.
Im Wechselspiel des Zeitenlauf,
beginnt die Welt aufs Neu' zu traun.

Stiller Vorhang

Ein leiser Schleier senkt sich nieder
zwischen den Bäumen, im süßen Flüstern.
Sanfte Schatten, im Winde wiegen,
verhüllen das Land mit träumender Mailust.

Sterne blinken durch das Gewebe,
des Himmels tiefe, stille Macht.
Der Mond, sanft wie eine Feder,
legt das Land zur heiligen Nacht.

Ein Wispern zieht durch dunkle Zweige,
der Vorhang flüstert leise Lieder.
Er deckt die Erde mit seinem Zepter,
umarmt die Welt in Frieden nieder.

Himmelsschleier

Ein zarter Hauch von blauem Licht,
zieht sich über die weite Ferne.
In stiller Schönheit schwebt er dicht,
verhüllt das Firmament der Sterne.

Die Wolken tanzen leicht und frei,
wie Geister aus einer anderen Zeit.
Ein Schleier zieht vorbei und bleibt,
ein flüchtiger Gruß der Ewigkeit.

Der Himmel neigt sich tief und leise,
unseres Herzens zarte Weise.
Und im Traume der Sehnsucht fein,
schläft die Welt im Dämmerlicht ein.

Zeit der Übergänge

Die Blätter fallen, es wandert die Zeit,
in bunten Farben, gold'ner Pracht.
Ein Hauch von Melancholie breitet sich weit,
in Nebelschwaden strahlt ihre Macht.

Die Tage werden leiser, kühler,
das Licht in sanften Tönen schwindet.
Ein Jahreslauf zeigt seine Fühler,
die alte Welt sich neu verbindet.

Zwischen Gestern und Morgen fließt,
ein Strom von flüchtiger Beständigkeit.
Das Herz die Zeit der Übergänge gießt,
in sanfter Wehmut und Gelassenheit.

Züge der Nacht

Wenn der Himmel dunkel deckt,
der Mond hinter Wolken sich versteckt.
Die Stadt still und leise träumt,
die Nacht in ihren Armen säumt.

Züge rauschen durch die Stille,
in sanften Wellen schwimmen Träume.
Das Ferne rückt heran im Bilde,
verschleiert sich im Dämmerdome.

Getragen von des Schienensangs,
die Nacht webt ihre dunklen Bande.
Ein Hauch aus einer anderen Zeit,
schmückt die Welt in stillem Kleid.

Ruhe der Dämmerstunde

Die Stille senkt sich nieder
Zart wie ein Schleier
Dämmerung, der sanfte Führer
Zu des Abends Feier

Vögel flüstern leise
Ihre Lieder im Wind
In der Ferne sanfte Weise
Wo die Träume sind

Lichtschatten, die tanzen
In einem zarten Spiel
Flechten Traumbandwangen
Friedlich und still

Der Tag neigt sich leise
Seelenruhe kehrt ein
In dieser Stunde Weite
Schlummern wir, so rein

Ausklang des Tages

Der Abend senkt sich nieder
Ganz still, auf zarten Pfad
Die Hektik geht uns nieder
Und Frieden dort sich naht

Sonne küsst den Himmel
Mit ihrem letzten Glühn
Und Gold in sanften Schimmern
Färbt die Welt so kühn

Wo die Sterne sich versammeln
Im Blau des Himmelszelt
Fühlen wir in leisen Wellen
Den Frieden dieser Welt

Die Schatten länger werden
Wogen stiller Ruh
Und wir mit dem verschwinden
Im sanften Dämmerblau

Der letzte Gruß

Ein letzter Lichtstrahl grüßt
Den stillen Horizont
Wo Gold und Blau sich küsst
Das Abendrot sich sonnt

Die Nacht erhebt die Hände
Umhüllt den Tag mit Nacht
In Sternenfeuerbrände
Die friedlich überwacht

Im Flüstern eines Windes
Ein leises „Auf Wiedersehn"
Der Tag schließt seine Linden
Und lässt uns ruhig gehn

Die Dunkelheit umfängt
Ein letztes, sanftes Licht
Das Tagesende bringt
Ein leises, stilles Gedicht

Versteckte Lichter

Hinter dichten Wolken
Glitzern Sterne still
Versteckte Leuchten funkeln
Wie ein geheimes Spiel

Der Mond, der zart erstrahlt
In Silber glanzgefügt
Die Nachtlandschaft bemalt
Mit Licht, das niemand trügt

Schatten, die sich neigen
Im Tanz der Dunkelheit
In diesem sanften Reigen
Verborgen Klarheit bleibt

In jedem Stillen Birken
Ein Licht, das golden webt
Verborgene Wunder wirken
Die Nacht, die Leben hebt

Verborgene Lichter

In der Tiefe der Nacht
leuchten Sterne so sacht
verloren im weiten Raum
wie Träume im Schlaftraum.

Verborgene Lichter
im Schatten der Zeit
führen uns weiter
auf Pfaden so weit.

Zwischen den Zweigen
schimmert ein Glanz
wie funkelnde Augen
im Dämmerspanz.

Nebel verwirren
Sicht und Gedanken,
in dunklen Stunden
lassen sie uns wanken.

Doch selbst im Dunkeln
ist das Licht nicht fern,
es glüht in der Ferne,
wie ein ferner Stern.

Abendglocken

Wenn Abendglocken klingen,
der Tag sich neigt zur Ruh,
die Stimmen leis' verklingen,
da lauscht die Seele zu.

Ein goldner Schein sich senkt,
über Felder und Seen,
die Dämmerung uns schenkt,
Momente stillen Wehens.

In Dörfern und in Städten,
erfüllt ein sanfter Schall;
Gedanken sich betten,
im Frieden überall.

Die Sonne langsam fällt,
in rotgetränkten Fluten,
der Himmel weitet sich,
um uns zu behüten.

Sanftes Schwirren der Lüfte,
umhüllt uns ganz sacht,
unterm Sternenlichterteppich,
erwacht die stille Nacht.

Farben der Stille

Im Grau des Morgens,
Leuchten Farben auf,
die Stille wird geboren,
im sanften Lebenslauf.

Ein Wispern in den Bäumen,
ein Flüstern auf dem See,
die Stille trägt die Träume,
wie Federn im Gewe.

Der Himmel wechselt Töne,
vom Blauen zum Pastell,
die Farben werden schöner,
im Schweigen und im Hell.

Die Blumen in den Wiesen,
erstrahlen in Pracht,
und alle Farbenspiele,
werden zart entfacht.

Die Stille malt die Bilder,
im Herzen ungestört,
in Farben die so milde,
und doch so unverhört.

Ungewisser Abend

Die Sonne taucht ins Meer,
der Tag er scheid' ins Dunkel,
ein Abend ohne Ziel,
unendlich leis und funkel.

Die Schatten werden länger,
der Weg bleibt uns verborgen,
der Herzschlag wird bange,
in stillen, kühlen Wogen.

Die Sterne blitzen zögernd,
im weiten Firmament,
das Schwarz wird immer tiefer,
das Ungewisse brennt.

Ein Wispern unter Bäumen,
des Windes leiser Hauch,
führt uns auf Pfaden heimlich,
durch einen ungewissen Schlauch.

Doch in der stillen Ferne,
wo Hoffnung flüchtig scheint,
begeht der Geist die Reise,
in die Nacht hinein vereint.

Sanfter Übergang

Die Nacht umarmt den Tag,
Ein sanfter Hauch von Ruh.
Der Mond, er winkt im Schlaf,
Die Sterne leuchten zu.

Im Zwielicht Raum und Zeit,
Verschmelzen sacht im Gang.
Stille wird zur Ewigkeit,
Ein sanfter Übergang.

Der Wind, er schweigt ganz still,
Bringt Träume aus der Ferne.
Die Welt steht kurz im Will,
Und funkelt wie die Sterne.

Die Schatten weichen sacht,
Ein neuer Morgen naht.
Der Himmel wird erwacht,
Mit Farben leis und zart.

Zwischenspiel der Farben

Im Morgenlicht, da blühen
Die Farben, stark und klar.
Das Leben kann erglühen,
In rot und stell, so wahr.

Ein Sonnenschein im Spiel,
Mit jedem Ton vereint.
Die Farben, warm und viel,
Ein Bild, das niemals weint.

Ein Regenbogen zieht
Durch Wolken, grau und blau.
Er hält die Farbenlied,
Ein Bogen, stark und schlau.

Der Abend färbt die Welt,
In Tönen, leicht und schwer.
Die Sonne, die verfällt,
Im bunten Farbenmeer.

Stille des Endes

Die letzte Sonne bricht
Durch Wolken, weich und fern,
Der Abend bringt das Licht,
In Bildern, groß und gern.

Ein Flüstern in der Luft,
Der Tag neigt sich ins Blau.
Er geht im sanften Duft
Der Nacht, die Sterne schau.

Die Welt, sie hält den Atem,
Wenn alles schweigt im Kreis.
Die Stille kann verstatten,
Dass Dunkel wird zum Eis.

Der Mond, er scheint so kalt,
Er leuchtet in der Fern.
Im Dunkel wird es alt,
Die Stille kehrt so gern.

Verhüllte Horizonte

Ein Nebelmeer im Grau,
Das Horizonte trägt.
Ein Schleier, sanft und schlau,
Der sich im Wind bewegt.

Die Ferne bleibt versteckt,
Verhüllt im stillen Dunst.
Was dort verborgen deckt,
Das bleibt des Traumes Gunst.

Die Wellen tragen weit
Ein Wispern durch die Zeit.
Verhüllt bleibt die Geleit,
Der Welt in Ewigkeit.

Im Nebel, sanft geweckt,
Erstrahlt ein heller Glanz.
Das Licht, es wird entdeckt,
In einem neuen Tanz.

Ende des Tages

Sonnenfeuer sinkt ins Meer,
Stille legt sich über Land,
Tageslast, sie drückt nicht mehr,
Schläfrig ruht die müde Hand.

Abendwind streicht leis' durchs Tal,
Schatten tanzen, fliehen bald,
Herz und Sinn im sanften Strahl,
Träumen folgt man ohne Halt.

Fern verblasst des Himmels Glut,
Nacht umhüllt das weite Feld,
Seelenruhe, sanfte Flut,
Sicher führt sie, leise, held.

Licht der Sterne, wachsam klar,
Behütet still den stillen Weg,
Ruh' erfüllend, leise Jahr,
Sanft der Nacht, so tief gelegt.

Verlorenes Licht

Wolken tragen Regentropfen,
Nebel hüllt die Berge ein,
Licht aus Zeiten, längst verschwunden,
Zögert nicht im stillen Schein.

Sehnsucht spricht aus alten Mauern,
Kälte kriecht, die Nacht beginnt,
Schleichend greifen Schattenklauen,
Herzen schwer vom Sehnen sind.

Flammen waren Glanz vergangen,
Schimmern, kaum noch zu erblicken,
Erinnerung hält fest umfangen,
Lichter, die uns nicht mehr schmücken.

Augen suchen fern und nahe,
Finden nur der Dämmer Spur,
Trauer weht wie alte Sage,
Nacht wird lang, verliert die Uhr.

Zwischen Tag und Traum

Zwischen Schatten, Lichtes Schein,
Schreitet Seele, fast allein,
Sanfte Träume, zart und rein,
Führen uns durchs Dämmerglühn.

Du und ich, im stillen Reigen,
Kommen wir dem Morgen nah,
Nebel, der sich will verneigen,
Schichten sanft, was einst geschah.

Meine Hand in deiner ruht,
Leises Flüstern, stumme Spur,
Herz und Geist, die sanfte Glut,
Tanzen frei in Raum und Flur.

Schweben wir durch Zeitenwind,
Alte Welten öffnen sich,
Zwischen Tag und Traum geschwind,
Reisen fort ins Ewiglich.

Ruhigender Glanz

Mondeslicht auf stillen Wellen,
Spiegelt sich im tiefen Sein,
Ruht ein Hauch auf weiten Fellen,
Führt uns in das Einsamkeim.

Sterne leuchten, fern und nah,
Flammen durch das Himmelszelt,
Klarheit strömt, so wunderbar,
Sanft die Ruhe sich da stellt.

Fluss der Zeit, er fließt so leise,
Führt dich durch den Weltenraum,
Ruhig schreitet deine Reise,
Frei und seicht, fast wie im Traum.

Freude still in Herzen keimt,
Nächtlich Glanz, der Wunden heilt,
Seelenfrieden, sanft und heimt,
Fließt durch Nacht, die alles teilt.

Zwischen Traum und Finsternis

Zwischen Traum und Finsternis
flattern Schatten ohne Ziel,
tanzen sanft im Mondes Schein,
spielen mit dem Dämmerlicht.

Schwanken zwischen Jetzt und Fern,
flüstern Winde leise Lieder,
tragen Wünsche in die Nacht,
in das Reich, wo Träume ruh'n.

Schläfrig sinken Augen zu,
schweben in der Dunkelheit,
holden Sphären voller Glanz,
wo Magie und Rätsel ruht.

Doch am Horizont erwacht,
ein neuer Tag im Farbenspiel,
Zwischen Traum und Finsternis
erblüht des Morgens Streben.

Stilles Schauspiel

In der weiten Himmelsbühne,
zieht sich still der Nebel her,
Tone schweigen, Farben träumen,
alles schimmert zart und leer.

Zirpen in der Ferne Käfer,
leises Flüstern in der Luft,
Zwielicht füllt die Welt mit Frieden,
Stille atmet, sanft und klug.

Bäume wiegen sacht im Winde,
Blätter flüstern zartes Wort,
Morgenröte bricht herüber,
naht der Tag im zarten Tor.

Jeder Hauch ein zarter Kuss,
das Lebens morgens erstes Licht,
Stilles Schauspiel, sanfter Glanz,
die Welt erwacht mit einem Blick.

Verschwiegener Glanz

In der Tiefe nächt'ger Stunden,
Leuchtet sacht ein Licht hervor,
Sterne funkeln hell und leis,
In des Himmels weiter Flur.

Still verborgen vor den Blicken,
Birgt die Nacht so manches Strahl,
Sanftes Flimmern, fern verborgen,
wie ein wisperndes Phänomen.

Glanz im Dunkel, hehler Schimmer,
Sphären flüstern zart ihr Lied,
Muse küsst die müden Häupter,
In der Nacht, die Frieden gibt.

Doch im Morgengrauen schwindet,
was die Nacht so hold verheißt,
Tageslicht verdrängt die Träume,
Verschwiegener Glanz entgleitet leis.

Ruhende Tagesmüde

Müde senkt sich tief die Sonne,
Abend färbt des Himmels Rand,
Flüsse spiegeln müde Strahlen,
Tag verweilt am stillen Strand.

Blumen neigen zarte Köpfe,
Vögel singen letztes Lied,
Alles schweigt in sanftem Rauschen,
Ruhe, die der Abend gibt.

Bäume halten stille Wache,
Wind verweht der Stunden Spur,
Träume weben sachte Banden,
über Wiesen, Wald und Flur.

Morgen bringt ein neues Leben,
Neuer Tag, im Licht erglänzt,
Doch die Ruh' der Tagesmüden,
birgt ein Frieden, der nicht trennt.

Mondanflug

Ferne Sphären, leuchtend klar,
Sehnsucht zieht uns himmelwärts.
Zwischen Sternen, wunderbar,
schlägt das Abenteuer Herz.

Schweigend gleiten wir empor,
Silberglanz im Himmelszelt.
Jeder Schritt ein Traum hervor,
uns're Reise, frei gestellt.

Leise ruft der Weltenrand,
lockt ins weite, dunkle Blau.
Freiheit in des Kosmos Hand,
wie ein Schiff im Himmelsbau.

Schritt für Schritt, dem Traum so nah,
über Lüfte, sanft und sacht.
Bis zum Mond, so fern und klar,
träumt das Herz in tiefer Nacht.

Flüsterndes Licht

Durch die Blätter dringt es sacht,
flüstert still in sanfter Pracht.
Licht, das jedes Herz entfacht,
in der stille, langen Nacht.

Sanftes Glühen in der Höh',
Tanzt im Wind, so leicht und schön.
Leuchtend, wie ein Sternenmeer,
glämmert zart, fast unbeschwert.

Jede Flamme, Wort für Wort,
zündet Träume, trägt sie fort.
Flüsterndes Licht, so selig,
macht des Herzens Stimme ehrlich.

Auf den Pfaden, die es weist,
zart und leise, still und weiß.
Flüsternd zieht es uns hinfort,
zu des Himmels hellem Tor.

Sanfter Übergang

Wenn der Tag zur Nacht sich neigt,
farbige Schleier schwebend zeigt.
In der Dämmerung verweilt,
Abschied sich im Licht verteilt.

Sanft der Abendwind uns streift,
führt zu Ruhe, die uns bleibt.
Schatten spielen, erzähl'n leis,
von des Tages letzter Preis.

Bläulich schimmert schon die Nacht,
weckt des Dunkels stille Pracht.
Sanfter Übergang vollzieht,
was im Herzen Frieden sieht.

Stille breitet sich nun aus,
schickt uns Träume still nach Haus.
Bis der Morgen neu erwacht,
bis das Licht uns sanft anlacht.

Abschiedsfarben

Rotes Glühen in den Bäumen,
Herbstwind trägt uns all die Träume.
Abschied schwebt in sanften Tränen,
Farben, die das Herz verwöhnen.

Goldne Wälder, stiller Glanz,
flüsternd, zieh'n sie uns im Tanz.
Blätter fallen, sanft verwehn,
Zukunft mag in Farben sehn.

Zwischen Ästen, licht und weit,
Abschied zieht durchs bunte Kleid.
Schimmernd wie im Traum gemacht,
farbenfroher Herbst erwacht.

Letzter Tanz in kühlem Wind,
Abschied, der das Herz gewinnt.
Farben, die in Sehnsucht glühn,
schweben fort im stillen Blühn.

Silhouetten im Licht

Im Dämmerlicht der alten Stadt
Erscheinen Schatten, leis und matt
Sie flüstern leise, kaum gehört
Der Wind, der durch die Gassen fährt

Die Welt erwacht im ersten Schein
Silhouetten tanzen, schlicht und fein
Der Morgen naht mit frohem Klang
Der Tag beginnt, ein neuer Gang

Die Häuser ruhn in stillem Glanz
Durch die Fenster fließt ein sanftes Tanz
Mit jeder Stunde, die vergeht
Die Zeit im Licht verweht

Das Lachen hallt durchs Fensterkreuz
Und jeder Klang, ein leises Reiz
Die Silhouetten, ungesehen
Im Licht der Nacht verweben

So endet still der lange Tag
Die Schatten fliehen, wie ein Schlag
Im Traum verweilen sie im Licht
Bis der neue Morgen spricht

Abendwind

Ein leiser Hauch durchs Fenster zieht
Die Sonne sinkt, der Tag entflieht
Der Abendwind, so kühl und klar
Trägt Träume flüsternd, wunderbar

Der Himmel färbt sich sanftes Rot
Ein stiller Gruß, ein altes Boot
Der Abendwind erzählt Geschichten
Von fernen Ländern und ihren Lichtern

Die Wolken tanzen, leicht befreit
Im letzten Licht der Zweisamkeit
Der Abendwind, so zart und fein
Lässt Herzen ruh'n und Seelen rein

Die Sterne blinken, wunderbar
Der Mond, er lacht, ganz hell und klar
Mit jedem Hauch, den Wind hervor
Verweht die Nacht, es öffnet Tor

Ein neuer Tag, so still und weit
Der Abendwind, die Dunkelheit
Er streicht durchs Land, bringt sanfte Ruh
Der Nacht so nah, der Welt so zu

Zwischen den Zeiten

Zwischen den Zeiten, stilles Sein
Die Welt, sie wandelt, nie allein
Verweben sich die Stunden sacht
Und bringen Träume durch die Nacht

Ein flüchtiger Moment, verweht
Im Strom der Zeit, der nie vergeht
Im Schatten der Geschichten alt
Liegt Weisheit, tief und unverzahlt

Zerbrechlich fließen Stunden fort
Die Zeit, sie kennt kein Widerwort
Ein Atemzug, ein Augenblick
Verwebt Vergangenheit geschickt

Zwischen den Zeiten, still und klar
Ein Echo aus dem Dies und War
Erinnerung, so leicht und schwer
Verweht im Wind, kommt nimmermehr

Im Fluss der Zeit, ein Lebenslauf
Die Zukunft öffnet neuen Knauf
Was war, was ist, was einst noch kommt
Verweben sich, verbunden frommt

Erblaßtes Licht

Ein Schein erlischt, so zart und still
Das Licht verblasst im Abendhauch
Die Welt, sie ruht, ein tiefer Wille
Die Nacht erhebt sich, mondes lau

Die Farben weichen, sanft verweht
Der Tag, erschöpft, zur Ruhe kehrt
Im Violett, das Dunkel steht
Die Zeit, sie träumt und leise zehrt

Erinnerung, die still verglimmt
Im Argentin der Nacht versinkt
Ein Licht, das kaum noch widerbringt
Vergangenheit, die still erklimmt

Die Sterne leuchten, sanftes Glas
Durchschneiden sanft die dunkle Nacht
Erinnerung, ein Sternenstraß
Im Traume zeitlos, sacht erwacht

Ein neuer Morgen naht heran
Verblasstes Licht, dem Tag verfalln
Ein neuer Schein, der siegen kann
Die Dunkelheit, sie muss verhalln

Der ruhige Moment

In der Stille, wenn die Welt sich neigt,
Hört man die Zeit, die leise schweigt.
Fern von Eile, fern von Strauß,
Findet Frieden in des Herzens Haus.

Ein Windhauch trägt die Träume fort,
Hin zu einem stillen Ort.
Wo Gedanken sacht verweilen,
Und die Augen sanft verweilen.

Ein Lichtstrahl bricht durch Wolkenmeer,
Gleitet wie ein weiches Heer.
Durch das Fenster, sanft und klar,
zeigt sich uns das Wunder dar.

Jeder Atemzug ein leiser Hauch,
Verweilt wie Blütenstaub im Strauch.
Die Ruhe füllt den ganzen Raum,
Wie ein stiller, sanfter Traum.

Wenn die Herzen friedlich schlagen,
Und die Sorgen leise klagen.
Spürt man in dem stillen Raum,
Den sanften Frieden wie im Traum.

Federstrich der Nacht

Die Nacht legt ihren Mantel an,
Bedeckt die Welt mit Sternen klar.
Ein Hauch von Mondlicht zart und rein,
Zeichnet Träume in den Schlaf hinein.

Tiefe Schatten, still und stumm,
Tanzen leise um uns rum.
Flüstern Geschichten, alt und neu,
Von Wundern und von stiller Treu.

Ein Eulenruf im nahen Wald,
Erzählt von Geheimnissen, kühl und kalt.
Die Dunkelheit birgt manches Licht,
Zeigt Welten, die im Tag zerbricht.

Der Wind, er singt sein Lied so schön,
Lässt Herzen warm und weit erglühn.
Federleicht die Träume fließen,
Wie Sterne, die die Nacht umschließen.

Im Federstrich der stillen Nacht,
Wird jedes Herz sanft bewacht.
Trägt uns hin zu Traum und Zeit,
In die Welt der Ewigkeit.

Übergangszeit

Zwischen Sommer, heiß und klar,
Und dem Winter, still und rar.
Liegt die Übergangszeit jetzt hier,
Bringt uns Farben, wilde Zier.

Blätter fallen, tanzen sacht,
Im goldnen Glanz der sanften Nacht.
Jeder Atemzug ein Bild,
Der Natur, die leise stillt.

Der Nebel steigt aus Feldern auf,
Bedeckt die Erde, übernimmt den Lauf.
Kühle Winde, frisch und klar,
Zeichnen Linien, wunderbar.

Die Tage kürzer, Nächte lang,
Ein Lied erklingt, ein Übergang.
Von Wärme, Licht und Summen,
Hin zu Stille, Nebelsummen.

Die Übergangszeit, wie ein Kuss,
Verheißungsvoller Abschiedsgruß.
Begrüßt die Ruhe, den Moment,
Das Herz in seinen Bann jetzt nennt.

Sanftes Gleiten

Auf Wellen, weich und sanft so klar,
Gleitet Frieden, wunderbar.
Das Wasser trägt die Seele fort,
Zu einem zarten, stillen Ort.

Die Zeit, sie scheint hier nicht zu sein,
Des Augenblicks erhabner Schein.
Gleiten, fließen, endlos weit,
Verlieren sich in Ewigkeit.

Ein Hauch von Wind, der zärtlich weht,
Wie eine Hand, die sanft verweht.
Wellen flüstern leis und lind,
Tragen Träume sanft im Wind.

Lichtreflexe tanzen leise,
Auf den Wellen, ganz auf Reise.
Der Horizont, so weich und klar,
Lockt mit Träumen, wunderbar.

Sanftes Gleiten, ohne Hast,
Führt das Herz, das nie erblasst.
In die Stille, in den Raum,
Ewig weicher Wellentraum.

Müdigkeit des Himmels

Der Himmel weint in zarten Tränen,
Die Wolken zieh'n in stillen Bahnen.
Der Tag neigt sich dem Abend zu,
Die Sterne blinken, leise ruh'.

In sanften Farben glimmt der Schein,
Ein Schlaflied, wo die Träume sein.
Die Nacht umfängt die müde Welt,
Ein Seufzer, der die Stille hält.

Die Bäume flüstern im Gebet,
Die Nachtigall ihr Lied erzählt.
Der Wind, er haucht ein sanftes Lied,
Der Morgenstern, der naht noch nicht.

Ein silbern Schleier deckt das Land,
Vom fernen Bach erklingt ein Klang.
Das Licht des Mondes, ruhig sacht,
Erhellt den Wald in dunkler Nacht.

Ein letzter Gruß, der Tag verweht,
Die Nacht, sie kommt und übersät
Mit Sternenlicht und stiller Pracht,
Die müde Welt, der Himmel lacht.

Wandernde Schatten

Im Dämmerlicht tanzt Schatten Spiel,
Die Stille weht durch kahle Gänge.
Ein Wispern, das die Zeit enthüllt,
Die Nacht umarmt die engen Wände.

Das Mondlicht wirft ein sanftes Band,
Durchs Fenster fällt ein milder Strahl.
Die Schatten wandern Hand in Hand,
Erzählen leise ihre Qual.

Ein Flüstern in der dunklen Nacht,
Die Bäume neigen sich im Wind.
Ein Hauch von Sehnsucht, fein entfacht,
Dem Nebelbild, das heimlich sinn'.

Verwobenes von Träumen durch,
Gehüllt in schwarze, samt'ne Tuch.
Geheimnisvoll und wunderbar,
Durchzieht die Nacht die Zeit, so klar.

Die Welt in Stille eingehüllt,
Ein Rätsel, das die Nacht durchzieht.
Die Schatten wandern ungewillt,
Bis erster Morgensonne siegt.

Farben der Ruhe

In sanften Farben malt die Ruh,
Ein Bild, so zart und klar.
Die Dämmerung bringt Frieden nun,
Durchdringt die Seele, wunderbar.

Ein Bogen voller Farbenpracht,
Spiegelt sich im stillen See.
Die Berge ruh'n, die Nacht erwacht,
Ein Farbenmeer im Firmament.

Der Himmel schmückt sich sanft und weich,
Die Kühle trägt die Farben fort.
Ein Hauch von Blau, ein Schimmer gleich,
Erfüllt der Träume stillen Ort.

Die Blumen neigen sich zur Nacht,
Erwachen bald mit neuem Glanz.
Die Farben ruhen, Sternenpracht,
Ein Tanz im Licht des Mondes Kranz.

Die Farben flüster'n sanft und leis,
Versprechen fried' und stillen Sinn.
Ein sanfter Gruß, ein warmer Kreis,
Die Ruhe malt, wo Farben spinn'

Ruhe vor der Nacht

Die Abendsonne sinkt herab,
Ein letzter Strahl noch blitzt empor.
Die Zeit, sie ruht im Frieden sacht,
Der Tag verstummt im Dämmerchor.

Der Himmel rötet sich ganz sacht,
Ein Flüstern hier, ein Wispern dort.
Die Ruhe senkt sich in die Nacht,
Ein hauchzart Wort, ein leiser Ort.

Still schweigt der Wald, der Fluss plätschert,
Ein Schrei der Nacht, der leise fällt.
Die Nacht, sie kommt, das Licht hinweg,
Ein Mantel, der die Welt erhellt.

Die Sterne blinken aufgereiht,
Im Takt des Herzens, still und klar.
Ein Leuchten, das in tiefster Zeit,
Die Seele küsst, so wunderbar.

Die Zeit, sie scheint ganz still zu geh'n,
Die Nacht, sie hüllt sich leis' herein.
In Ruhe vor der Nacht entsteh'n,
Die friedlichsten Gedanken mein.

Abenteuer der Nacht

Unter blassem Mondenschein
waren wir zwei ganz allein
flüsternd durch den dunklen Raum
lebte noch der stille Traum

Zwischen Sternen, fern und weit
öffnet sich die Ewigkeit
Geheimnisse, in Dunkel gehüllt
haben unsere Seelen erfüllt

Eine Wolke zieht heran
neues Schicksal, unbekannt
Schatten tanzen, flüchtig, schwer
enden nie, das Sehnen, sehr

Das Wispern der Nacht, so klar
führt uns fort, zum Abenteuer
Lichterblitz, ein Augenblick
verheißt das Glück, verweht sogleich

Flüsternde Zeiteinheit

Ein Sekundenschlag, so leis
führt uns durch das Reich der Zeit
Minuten singen ihren Lauf
fließen aus dem Jetzt heraus

Stunden tanzen, Glanz und Licht
untergehen, kommen nicht
Flüsternd spricht die Ewigkeit
hält uns fest im Sphärenkreis

Die Uhr tickt sanft, vergeht im Wind
Zukunft und Vergangenes sind
uns verbunden, Zeitenschwur
umarmt uns nun für immer, nur

Den Moment, der ewig scheint
nehmen wir in tiefen Sinn
Die Zeiteinheit, so geflüstert
verbindet uns, verleiht uns Glanz

Letztes Himmelsgemälde

Abendrot, vom Horizont
malt das Bild, so wundersam
Farben, die vergehen sacht
zeigen uns die Welt bei Nacht

Sterne leuchten, Brücke fern
führen uns zum Träumen hin
Himmelsbilder, so beschrieben
blieben uns im Herzen drin

Leise Wind, ein Hauch von Nacht
flüsternd, wie der Traum erwacht
Schatten zeichnen, Linien klar
Licht, das uns so nah gebar

Das letzte Bild, so klar, so rein
von Himmels Pinsel, Farbenschein
Die Dunkelheit umhüllt uns bald
träumen wir vom Sternensaal

Ephemere Flamme

Eine Flamme tanzt allein
spielt im Dunkel, leuchtet fein
Zündet Träume voller Glanz
schafft im Herzen einen Kranz

Flüchtig ist das Licht und schön
wirkt im Innern, tief und kühn
Verschwindet bald in goldnem Schein
lässt uns mit dem Dämmer allein

Ephemere Flamme, Lebenshauch
weckt die Stille, nimmt sie auch
Zeigt uns kurz das helle Licht
dann verblasst sie, sie entricht

Dunkelheit umhüllt die Nacht
Leuchterlohe, die erwacht
wird zum Funken, Ephemere
bleibt in uns, so heiß und klar

Verblassen des Tages

Die Sonne sinkt, ihr Glanz vergeht,
Ein gold'ner Schein am Himmel steht.
Der Tag verlässt nun leis die Welt,
Ein sanftes Licht den Abend hält.

Die Vögel singen Abschiedslied,
Ein Windhauch durch die Bäume zieht.
Die Wolken färben sich so rot,
Die Nacht sich auf den Tag schon freut.

Ein letzter Strahl küsst sanft das Meer,
Die Schatten werden langsam mehr.
Die Sterne leuchten bald so klar,
Verblassen wird der Tag zwar wahr.

Doch in der Nacht, die Ruhe bringt,
Wo Stille über Felder singt,
Erblüht der Tag erneut ganz sacht,
Und spiegelt sich in stiller Pracht.

Schattenliebe

Im Dunkel, wo die Schatten wallen,
Verliebte Seelen leis' sich hallen.
Ein Flüstern nur, so zart und fein,
Verborg'ne Liebe, wie sie sein.

Die Nacht, sie birgt ein süß Geheimnis,
Ein Sternenmeer als weises Zeugnis.
Die Herzen klopfen dicht an dicht,
Im Schatten tanzt ein Liebeslicht.

Der Mond, er sieht mit stillem Blick,
Das zarte Band des Liebesglücks.
Erhört die Worte, leis' geweht,
In Schattenformen Liebe steht.

Versteckt vor lichtem, hellen Schein,
Wo Liebe lebt, wo wir allein.
So haucht der Schatten Liebeslieder,
Die Nacht, sie kehrt stets wieder.

Abendmelodie

Die Dämmerung deckt sacht das Land,
Ein Abendhauch streift leis' die Hand.
Ein Lied erklingt aus ferner Zeit,
Die Melodie der Zärtlichkeit.

Die Sterne flüstern, was sie sah'n,
Von Lieb' und Leid im Mondesbahn.
Der Abend singt in sanftem Ton,
Ein Schlaflied unter Himmelsbogn.

Die Wellen rauschen, wiegen sacht,
Im Einklang mit der stillen Nacht.
Ein Traum beginnt im Dunkelmeer,
Mit Klängen, zart und liebeleer.

Die Nacht, ein Lied aus Sternenschein,
Tönt leise durch den Hain hinein.
Ein Jeder lauscht der süßen Ruh,
Der Abend schließt die Augen zu.

Heimliches Erwachen

Im Morgengrauen, still und sacht,
Erwacht die Welt aus dunkler Nacht.
Ein Hauch des Tags im frühen Licht,
Ein Schleier, der die Träume bricht.

Die Blumen recken sich empor,
In Farben, die das Herz verlor.
Ein Flüstern geht durch Wald und Flur,
Das Leben atmet, sanft und pur.

Die Sonne küsst die Wiesen wach,
Die Nacht verlässt den stillen Bach.
In goldenem und reinem Schein,
Erblüht der Tag aufs Neu' allein.

Geheimnis, das im Dunkel schlief,
Sich nun zum neuen Leben rief.
Ein Zauber, den der Morgen webt,
Wo sich die Welt im Licht erhebt.

Letztes Tageslicht

Die Sonne sinkt nun sacht zur Ruh,
Vergoldet noch die Hügelkronen.
Das Blau des Himmels lauscht im Nu,
Die Dämmerung soll bald gekommen.

Ein zarter Wind streift Baum und Strauch,
Erzählt von Ferne leis' Geschichten.
Die Farben fließen sanft im Hauch,
Verwandelt werden alle Lichten.

Die Welt versinkt in sanftem Licht,
Geflüstert wird von Stern zu Stern.
Die Dunkelheit ziert leicht das Gesicht,
Der Tag entfernt sich immer fern.

Geborgenheit schenkt uns die Nacht,
Wenn Sterne blinkend Feuer fangen.
Ein letzter Strahl die Wolken kraucht,
Verkündet Stille, last des Tages Bangen.

Die Träume fliegen weit ins Meer,
Getragen von des Mondes Schein.
Ein neues Licht schafft uns Begehr,
Im tiefen Schlaf, da sind wir rein.

Schleier der Nacht

Der Mond erhebt sich hoch empor,
Sein silbern Licht durch Nebel bricht.
Ein schleiernd Schimmer legt sich vor,
Verwandelt sanft das Angesicht.

In Dunkelheit die Welt versinkt,
Die Sterne träumen leis' ihr Lied.
Ein Schleier, der die Nacht durchdringt,
Bis jeder leise Klang verzieht.

Die Schatten tanzen sanft im Wind,
Umarmen flüsternd jedes Haus.
Des Nachts Magie im Herzen lind,
Verbirgt in Dunkelheit den Graus.

Ein Eulenruf durchbricht die Stille,
Ein Raunen geht durch alle Zweige.
Der Nachtenschleier, sanfte Hülle,
Verleitet uns zu träumend' Neige.

Die Welt in Frieden, tief versunken,
Erwacht erst wenn der Morgen naht.
Im flüchtigen Schleierblinken,
Ist Nacht ein sanftes, kühles Bad.

Schattenspiele

Die Schatten tanzen an der Wand,
Verweben sich im Abendglanz.
Gesichter dort, und hier ein Land,
Im flackernd' Licht ein stummer Tanz.

Ein Fenster halb geöffnet hält,
Den Blick ins Draußen lichtverhangen.
Die Schattenwelt ist schnell gestellt,
Und zeigt sich uns in Licht gefangen.

Ein Baum, ein Strauch, ein Wimpernschlag,
Verwandelt sich in Dämmerzeit.
Das Bild, das uns nun zeigt der Tag,
Erzählt von Schweben in der Weit'.

Ein leises Lächeln auf dem Grund,
Verwoben in das Bild der Nacht.
Die Schatten, sie sind oft sehr bunt,
Im Spiel des Lichts, das trübe lacht.

Bis Sonnenstrahl des Morgens Schein,
Die dunklen Schatten still vertreibt.
Da wird das Bild erneut ganz rein,
Ein neues Spiel sich dann beschreibt.

Zwielichtszene

Zwischen Tag und dunkler Nacht,
Webt das Zwielicht magisch fein.
Ein Hauch von Geheimnis sanft erwacht,
Im Dämmerlicht scheint alles rein.

Die Farben wirken anders nun,
Ein sanfter Schleier legt sich sacht.
Was hell war wird zur Schattenruh,
Die Nacht erwacht, ganz unverhofft.

Die Wolken zieh'n am Himmel hin,
Verkündgen stille, tiefe Ruh.
Im Zwielicht steht die Zeit so flimm,
Da öffnet sich des Traumes Tor im Nu.

Die Bäume flüstern leis' Geheim,
Verwoben in des Abends Licht.
Ein schillernd Hauch, so zart und fein,
In Zwielicht trägt das Herz ein Licht.

Die Welt in Grau, ganz sanft gekleidet,
Erwartet nun den Sternenhag.
Das Zwielicht leise uns begleitet,
Bis Licht und Schatten sich vereint am Tag.

Abendgold

Die Sonne sinkt ins Himmelsmeer,
verhüllt den Tag im Abendrot,
Magie durchströmt die Lüfte leer,
ein Bild, das niemals je verglüht.

Die Schatten werden lang und still,
die Farben tanzen ihren Tanz,
der Himmel wechselt sanft das Bild,
im Abendgold des Lichts' Glanz.

Der Wind erzählt von fernen Landen,
von Träumen, die an Ufern ruhn,
mit jedem Hauch in unsren Händen,
spürt man das Ende und den Ruhm.

Die Stille breitet ihre Flügel,
berührt das Herz mit sanftem Schein,
das Abendgold wirft seine Spiegel,
in unser Innerstes hinein.

Zwielichtspiele

Zwischen Tag und Nacht geboren,
zeigt sich lebend'ge Poesie,
der müde Tag hat längst verloren,
doch in uns lebt die Phantasie.

Die Farben changieren hin und her,
verschwimmen flüchtig, ohne Halt,
das Zwielicht hier, es zieht so sehr,
uns in den Bann der dunklen Wald.

Die Schatten greifen in die Seele,
die Lichter tanzen durch die Nacht,
wie ein geheimnisvolles Feuer,
das stille Wunder in uns entfacht.

In der Grenze, die so schmal,
liegt eine Welt, die niemals ruht,
dort, wo die Zeit verliert die Zahl,
wo jedes Ende Neues tut.

Verblassender Glanz

Der Tag bricht auf, verliert sein Licht,
die Farben wandern leise fort,
der Glanz, den einst die Sonne spricht,
hier nimmt er seinen letzten Ort.

Im Schimmer, der so sanft verglüht,
erwachen stille Schattenreich,
der Abend, der die Welt umhüllt,
verliert das Licht, das farbenreich.

Die Stunde naht, die Zeit entschwebt,
verblasst der Schein im sanften Tanz,
jedes Licht, das sich erhebt,
findet bald den letzten Glanz.

Ein Flüstern in der stillen Nacht,
erzählt von Liedern, längst verklungen,
das Licht im Dunkel leis erwacht,
hat den Tag in Schmerz verbracht.

Heimkehr im Sanften

Durch die Felder, leise Schritte,
führt der Weg nach Haus' zurück,
über Wiesen, durch die Mitte,
trägt er Hoffnung, Stück für Stück.

Die Bäume rauschen in der Ferne,
der Wind singt leis sein stilles Lied,
die Heimat, die wir so gerne,
im Herzen uns stets sanft umschließt.

Die Dämmerung breitet ihre Flügel,
bedeckt die Welt mit zartem Grau,
das Heim, es ruft, in seinen Spiegel,
sieht man den Weg aus Himmelblau.

Die Dunkelheit, sie schließt den Kreis,
das Herz zerrinnt in sanften Wellen,
und jeder Ton, so warm und leis,
lässt uns in Träumen sicher stellen.

Abschiedsstrahlen

Wenn die Sonne sich neigt und der Tag vergeht,
Strahlen sich sanft über die Felder legen,
Ein goldener Schleier, der Abschied nimmt,
Das Leben in stiller Ruhe bewegt.

Die Wolken tanzen im letzten Licht,
Ein zarter Hauch von Ewigkeit,
Im Abendglühen, so tief und licht,
Vergänglich, doch voll Zärtlichkeit.

Der Horizont in Farbenpracht,
Schenkt den Gedanken Flügel,
Ein letzter Kuss in die stille Nacht,
Ein schimmerndes Spiel von Friedensiegel.

Hörst du den Wind, der leise spricht,
Von fernen Orten, längst verweht,
Er singt das Lied vom Tag und Licht,
Das sanft im Abendhauch vergeht.

Langsam sinken die Farben ins Grau,
Die Nacht mit Sternen sich bekleidet,
Im Herzen bleibt ein leises Wow,
Das Abschiedsstrahl in Träumen meid.

Schimmernde Ruhe

Stille breitet ihre Flügel aus,
In sanftem Glanz die See umarmt,
Ein Spiegelbild von Himmelshaus,
Das Herz in friedvollem Glanz erbarmt.

Der Mond erhebt sich, mild und klar,
Schickt silberne Strahlen auf die Welt,
Im Sternenlicht, so wunderbar,
Ein funkeln, das die Nacht erhellt.

Ein Wispern geht durch das Land,
Vom Flüstern der Nacht getragen,
Ein Lied, gesungen von Geisterhand,
Das in die stillen Herzen dringen mag.

Der Tag ist fern, der Abend ruht,
Ein schimmerndes Band aus Sehnsucht webt,
Die Nacht in ihrer tiefen Glut,
Ein Traum, der in den Sternen schwebt.

Die Ruhe wiegt das Herz so leicht,
In sanften Wellen der Nacht,
Ein Frieden, der dem Seelenreich,
Schimmernde Ruhe sanft entfacht.

Abendliches Leuchten

Wenn der Tag sich still verneigt,
Die Sonne sanft im Westen sinkt,
Der Abendhimmel Farben zeigt,
Das Licht zum Horizont hin ringt.

Ein Leuchten geht durch Wald und Feld,
Ein stiller Glanz durchzieht die Flur,
Die Welt, im Abendlicht erhellt,
Ein Zauber aus Natur pur.

Die Sterne blinken, fern und nah,
Ein Teppich aus funkelndem Gold,
Der Mond, so groß, so wunderbar,
Das Firmament im Glanz erholt.

Ein zarter Wind, der sanft umweht,
Trägt leise Lieder in die Nacht,
Ein Zauber, der nie vergeht,
Im Traum das Herz erwacht.

Die Dunkelheit sich sacht erhebt,
Ein Mantel aus Sternenstaub,
Der Abendstern, der endlos webt,
Ein Licht, das niemals raubt.

Vergängliche Farben

Ein Farbenspiel im Abendlicht,
Der Tag geht sanft zur Neige,
Die Dunkelheit mit Ehrfurcht spricht,
Der Schlaf beginnt die Reise.

Orangenrot und lilablau,
Die Welt in buntem Kleide,
Verblasst mit jedem Augenblick,
In einer stillen Freude.

Die Blätter flüstern leis im Wind,
Ein Kuss, der nie verweht,
Die Farben, flüchtig wie ein Kind,
Das über Wiesen geht.

Ein letzter Glanz, ein Funkelstern,
Ein Lächeln der Natur,
Vergänglich scheint uns, doch so fern,
Ein Hauch von Ewigkeit, so pur.

So trägt die Nacht die Farben fort,
Im Traume neu zu blühen,
Ein ewiger Kreislauf, stets am Ort,
Wo wir die Zeit verspüren.

Einkehr des Himmels

In Dämmerung getaucht, die Welt so weich
Still fällt der Abend, schweigt jedes Reich
Im Glanz der Sterne, fern und klar
Kommt Ruhe endlich, wunderbar

Schweben die Wolken, sanft und sacht
Flüsternder Wind in der milden Nacht
Die Zeit still steht, die Stunden flieh'n
Im sanften Schimmer, Träume blüh'n

Schließt sich der Tag, die Nacht erwacht
Schatten tanzen in stiller Pracht
Einkehr des Himmels, Frieden pur
Die Welt versinkt in nächtlicher Wiege

Linum leuchtet in jedem Traum
Streut sanften Glanz aus Sternenraum
Selenes Licht in Dunkelheit fern
Bringt bring ein Friedenspfad so stern

Hart war der Tag, nun kehrt er ein
Jenseits der Nacht, fern jeglichem Pein
Himmel ruht in stiller Wut
Gebettet in Sternen, so sanft und gut

Untergehender Tag

Vom Himmel sinkt der goldne Glanz
Der Tag vergeht im letzten Tanz
Farben fließen sanft dahin
Wo'n Abend liegt auf müdem Sinn

Die Sonne taumelt sanft ins Meer
Die Nacht naht still, ich bin so leer
Des Tages Wachen endet sacht
Wo Stille waltet, ruht die Nacht

Der Wind trägt Lieder, leis im Spiel
Vom Abendrot zum Nachtausziel
Ein sanftes Flüstern in der Luft
Die Sterne glänzen, bringen Duft

Der Schatten schleicht sich leis heran
Und küsst die Welt, der Nacht begann
Träumerisch der Untergang
Einkehr wird zum Abgesang

Die Farbenwelt nun langsam schwindet
Der Tag in Ferne pur geschwinde
Denn mit dem Abend kommt die Ruh
Ein letzter Gruß, ein Abendfloh

Erster Sternenglanz

Wenn Nacht sich über Felder breitet
Und erster Stern in Ferne gleitet
Sanft funkelt auf der Himmelsgleiß
Verkündet Nacht, so sternenkreis

Das Himmelsdach sich funkelnd malt
Der erste Glanz, der uns gefällt
Ein Stern verleitet zum Beobacht
Und weckt die Träume, die entfacht

Ein Leuchten aus des Himmels Reich
So zart und fern, im Lichterstreich
Ersters funkelndes Sternenglanz
Erwischt das Herz in sanftem Tanz

Ein Hauch von Ewigkeit so klar
Im Lichte funkeln, so wunderbar
Die Nacht träumt von dem Glanz der Sterne
Bringt Licht zu uns aus weiter Ferne

Sehnt sich das Herz nach Ruh und Rast
Im Sternenlichter sanfter Pracht
Der erste Stern verbreitet Glanz
Verlockt die Seelen voll in Tanz

Eisen des Himmels

Durch Wolken bricht ein Licht so grell
Aus Eisen stählern, flammenhell
Blitz und Donner erwecken die Luft
Des Himmels Wut im Sturmesduft

Im Sturmesbraus, der Donner kracht
Ein Klingen stählern fern der Nacht
Die Winde jagen, tosend klar
Eisen des Himmels nah und wahr

Ein Blitz erhellt die dunkle Flur
Des Himmels Stahl in großer Spur
Die Mächte toben, wild und frei
Blutrausch am Firmament vorbei

Wenn Eisen brennt und Blitze sprüh'n
Kann Ruhe nicht den Himmel blüh'n
Gewittersturm tritt seine Bahn
Eisen Himmlisch sich entfahn

Doch nach dem Sturme, stiller Glanz
Ein Ruhe klaftern, Lichterkranz
Des Himmels Wut ist nun verloschen
Sein Eisen im Feuer ausgeschoschen

Abendzauber

Der Himmel glüht in sanftem Rot,
Die Sonne sinkt, der Tag vergeht.
Ein Vogel singt das Abendlied,
Die Nacht zieht leis ins Land und webt.

Die Bäume flüstern, Blätter rauschen,
Der Mond erwacht, ein stiller Herr.
Am Horizont die Sterne leuchten,
Ein Sternenmeer, so weit und fern.

Die Grillen zirpen in der Ferne,
Ein sanfter Wind, so milde weht.
Die Dunkelheit umarmt die Erde,
Und jede Sorge sanft verweht.

Im Abendzauber find ich Frieden,
Ein Augenblick der Ewigkeit.
Die Zeit scheint still zu stehen hier,
In dieser sanften Dunkelheit.

So lausch ich still dem sanften Raunen,
Im Abendlicht, so warm und klar.
Der Zauber dieser sternewarmen Stunden,
Bleibt in mir, stets wandelbar.

Stille Stunde

Der Morgen dämmert, Stille rings,
Die Welt erwacht im sanften Licht.
Noch träumt die Erde, ruht in Frieden,
Des Lichts erster, zarter Strich.

Ein Augenblick, der kaum ergriffen,
Vergänglich, wie der Morgentau.
Das Herz, es schlägt in sanften Wellen,
Die Seele fühlt sich leicht und lau.

Der Wind streicht sanft durch kahle Wipfel,
Ein Hauch von Leben, zart und klar.
Ein jeder Laut wird wieder leiser,
Verklingt im Morgennebel gar.

Die Stille trägt die Zeit in Händen,
Ein Schatz, so wertvoll und so rein.
Die Stunde eilt, doch dieser Augenblick,
Bleibt ewig tief im Herzen mein.

So weilt die Stille für Sekunden,
In dieser Stunde, kurz und fern.
Und mit dem Tag kehrt dann der Wandel,
Doch diese Stille bleibt ein Stern.

Tanz der Schatten

Die Nacht bricht an mit dunklen Schleiern,
Der Mond erhellt den stillen Platz.
Die Schatten tanzen, sich verneigen,
Im bleichen Glanz des Sternenschatts.

Die Bäume werfen lange Formen,
Im zarten Licht, das Silber webt.
Ein Hauch von Nebel, leis und sanft,
Umspielt die Welt, die still erbebt.

Die Katzen schleichen durch die Gassen,
Ein Flüstern nur, die Nacht gehört.
Der Wind erzählt von alten Zeiten,
Ein Lied, das durch die Stille schnürt.

Im Zwielicht tanzen Schattengeister,
Ein Reigen, der die Zeit umschmeichelt.
Ein Spiel aus Licht und Dunkelheit,
Das Herz des Träumers sanft erreicht.

Im Bann des nächtlich stillen Reigens,
Vergessen wir den Tagesschein.
Der Tanz der Schatten wird zum Träger,
Von Träumen, die im Dunkel keim.

Aufbruch zur Stille

Ein Segelschiff auf stillen Meeren,
Der Horizont, so weit und klar.
Der Morgen naht, die Winde flüstern,
Von fernen Ländern, wunderbar.

Die Wellen tragen sanfte Träume,
Die Ferne ruft, ein leises Lied.
Ein Aufbruch zu den stillen Orten,
Wo Seele ihre Ruhe sieht.

Die Segel spannen sich im Winde,
Der Kurs ist klar, das Ziel so nah.
Die Reise führt durch stille Weiten,
Ein jeder Schritt, ein Wunder war.

Die Sterne weisen uns die Pfade,
Ein Leuchten in der Dunkelheit.
Der Aufbruch führt zur innern Stille,
Ein Raum im Herzen, sorgbefreit.

So steuern wir dem Ziel entgegen,
Das uns die ruhige Weite schenkt.
Ein Aufbruch in die stille Ferne,
Wo jeder Stern ein Wissen lenkt.

Erwachende Dunkelheit

Die Schatten kriechen leis' hervor,
Flüstern Lügen, flüstern wahr,
Ein Schweigen spannt sich weit empor,
In der Seele, tief und klar.

Ein ferner Ruf entspringt der Nacht,
Ein Wispern sanfter, sel'ger Traum,
Des Mondes Licht im Dämmer wacht,
Am Himmel thront er, bleicher Raum.

Der Sternen Glanz, ein Silbermeer,
Verliert sich, bricht die Finsternis,
Ein Hauch des Finstren, nicht mehr schwer,
Genährt von Kälte, keinem Kuss.

An des Morgens Gaben reift,
Ein neuer Tag, ein neues Licht,
Doch Dunkelheit, sie stets verbleibt,
In jedem Herzen, das verspricht.

Gleichgewicht der Zeit

Zwischen Nebel, fern und nah,
Wandert still die Ewigkeit,
Trägt die Hoffnung, federdünn,
Und des Lebens Leichtigkeit.

Ein Takt, der an den Uhren nagt,
Wellen eines stillen Sees,
Nimmt der Tag, was Nacht entsagt,
Schafft aus Asche neues Fles.

Ein Atemzug, das kleinste Korn,
Wiegt im Gleichmaß neu geboren,
Zeitlos schleichen Stunden fort,
Lebens Ufer neu erkoren.

Vergangenes und Gegenwart,
Binden sich in starkem Band,
Doch Zukunft bleibt in Märchen zart,
Ein Hauch, der stets im Balance stand.

Unbestimmter Moment

Ein Hauch von Duft, verweilt so leis',
Im Tanzen auf der Sommerbrise,
Vergänglich, doch im Herz so heiß,
Ein Traum, der küsst, auf stille Wiese.

Ein Blick, ein Glanz vom Morgenrot,
Verwischt die Grenzen, Raum und Zeit,
So unbestimmt, und doch so tot,
Ersehnt das Jetzt, in Ewigkeit.

Ein Wispern, das die Stille füllt,
Mit Worten weich und zärtlich mild,
Ein Sehnen, das die Sinne stillt,
Im Unbewussten, leis' enthüllt.

Ein Augenblick, zart und sacht,
Verankert tief im Lebensgrund,
Ein Lächeln, das zum Leben lacht,
Im Fühlen eins, im Warten rund.

Zwischen den Zeiten

Zwischen Träumen, klar und rein,
Flüstert still die Ewigkeit,
Öffnet Räume, die uns scheinen,
Streift die Schleier, längst befreit.

Ein Schritt in sel'ger Dunkelheit,
Ein Lachen, das im Schatten lebt,
Die Momente voller Klarheit,
Zwischen Zeiten, die dort schwebt.

Das Leben tanzt im Zwischenraum,
Ein Spiegelbild der tiefen Seele,
Ergreift den flücht'gen Tagestraum,
Und lässt den Körper wiederkehren.

Zwischen gestern und auch morgen,
Schwebt das Jetzt in stillem Fluss,
Vergangenes befreit von Sorgen,
Zukunfts Kuss, ein sanfter Stuss.

Schimmernde Wehmut

Durch Wälder zieht ein stiller Hauch,
Der Mond bescheint die Welt.
In Herzen währt ein leises Weh,
Ein Klang, der ewig fällt.

Vergessene Träume, still gebettet,
Im Schatten großer Bäume.
Die Zeit vergeht, der Schmerz bleibt wach,
Im Fluss der alten Räume.

Ein Tropfen fällt, ein Herz zerbricht,
Inmitten nächt'ger Wehmut.
Doch leise flüstert uns die Zeit,
Vergangenheit tut manchmal gut.

Im Glanz der Sterne, sanft umhüllt,
Erwacht die alte Sehnsucht.
Ein Schleier fällt aufs Herz herab,
Ein schimmerndes Gebilde.

Durch Wälder zieht ein stiller Hauch,
Die Nacht ist sanft und weit.
In Schimmer weinender Gestirne,
Ruht stille Traurigkeit.

Abendliches Schweigen

Der Tag versinkt im Abendrot,
Ein letzter Strahl, ganz leise.
Die Welt umhüllt von stillem Glanz,
Im Schweigen dieser Reise.

Die Vögel singen leise Lieder,
Ein Hauch von Frieden weht umher.
Die Nacht bricht ein mit sanftem Flüstern,
Ein Traum, der niemals schwer.

Im Dämmerlicht erspürt man Träume,
Die sanft im Wasser fließen.
Der Schlummer ruft, die Sterne glühen,
Ein Schlaf, in dem wir schließen.

Die Zeit verweilt in stiller Ruhe,
Ein Abend, weich und rein.
Das Schweigen lehrt uns Zuversicht,
Im Schein der Dämmerung sein.

Der Wind trägt sanft sein Lied dahin,
Die Seele findet Frieden.
Im abendlichen Schweigen,
Sind wir im Licht beschieden.

Verwehter Glanz

Ein Windhauch trägt den Glanz dahin,
Vergang'ner Zeiten Licht.
Erinn'rung weht in stiller Ferne,
Im Schatten jenes Blicks.

Der Tag zerfließt, die Jahre schwinden,
Ein Hauch von Ewigkeit.
Im Fluge der Erinnerungen,
Verweht, was einst verleiht.

Der Glanz von Sternen übersät,
Ein Meer aus Licht und Schein.
Doch in des Lebens sanfter Welle,
Verglänzt, was war, was scheint.

Ein Funke in des Himmels Tiefe,
Erzählt von alter Pracht.
Doch wie der Wind durch alte Bäume,
Verweht und leis erwacht.

Ein Hauch von Ewigkeit berührt,
Das Herz in stiller Ruh.
In weh'nem Glanz wir Ruhe finden,
Im Schatten alter Zeit.

Sanfte Einkehr

Des Abends sanfte Stille ruht,
Ein Hauch von Frieden weht.
Die Seele findet sanfte Einkehr,
Im warmen Abendlicht.

Ein Vogel singt sein letztes Lied,
Der Tag, er legt sich nieder.
Im sanften Glanz der Abendstunde,
Spüren wir des Lebens Lieder.

Die Sonne sinkt, das Licht verweht,
Ein Zauber der Verwandlung.
In sanfter Einkehr finden wir,
Die Ruhe der Enthüllung.

Ein Stern erwacht, die Nacht beginnt,
Ein Traum von Ewigkeit.
Die sanfte Ruhe, die uns hüllt,
Ein Flüstern alter Zeit.

Des Abends sanfte Stille ruht,
Ein Hauch von Frieden weht.
Im Einklang mit der stillen Nacht,
Erwacht, was innig lebt.

Zwischen Glanz und Dunkelheit

Zwischen Glanz und Dunkelheit
liegt ein Land so still und weit.
Sterne funkeln, Mondenschein,
zeigt dir Wege, klar und rein.

Doch in Dämmerung verborgen,
lauern Zweifel, Ängste, Sorgen.
Falter flattern durch die Nacht,
führen dich auf leiser Fracht.

Stille raunt in tiefen Tönen,
Hoffnung leuchtet, nie zu frönen.
Zwischen Glanz und Dunkelheit,
blüht das Herz in Einsamkeit.

Licht und Schatten Hand in Hand,
führen dich durchs Niemandsland.
Träume weben, flüchtig, sacht,
durch die Weiten einer Nacht.

Zwischen Glanz und Dunkelheit,
erwachen Seelen, still befreit.
Schreiben Poesie auf Zeit,
in der ewigen Einsamkeit.

Vergangene Strahlen

Vergangene Strahlen, die einst brannten,
in gold'nen Zeiten, wie wir sie kannten.
Sonnenlicht, das uns geküsst,
liegt nun tief in Nebel Mist.

Erinnerungen, die verblassen,
halten wir im Herzen fest.
Doch die Zeit, sie zieht vorbei,
lässt uns nur den leeren Rest.

Gesichter in verblasstem Glanz,
tanzen durch den Nebel ganz.
Schritte, die wir einst getan,
verwehen wie der Winde Bahn.

Vergangene Strahlen, leise, sacht,
erinnern uns an jenen Tag.
Doch das Licht bleibt uns entflohn,
und wir gehen still davon.

Durch die Nacht, in der wir wandern,
suchen wir den letzten Faden.
Vergangene Strahlen führen heim,
in die Ruhe, sanft und rein.

Kommendes Grauen

Kommendes Grauen schleicht heran,
wie ein Schatten, still und bang.
In der Ferne hörst du's schon,
ein dunkles Raunen, ohne Thron.

Kalte Winde wehen leise,
flüstern dir von einer Reise.
Zu den Orten, lichtentleert,
wo das Herz vor Angst verzehrt.

Nebel steigen aus den Gräben,
schleiern Blicke, schlingern Leben.
Kommendes Grauen, still und stark,
füllt die Seele, düster, karg.

Doch auch in des Grauens Mitte,
webt die Hoffnung ihre Brücke.
Ein Funken Licht, kaum zu sehen,
lässt dich trotzig weitergehen.

Kommendes Grauen weicht zurück,
beben Herzen vor dem Glück.
Mutig stellt sich dir die Nacht,
bis der Morgen neu erwacht.

Abendwehen

Die Wolken ziehen leise hin,
Ein Farbenspiel im Tagesend.
Der Wind weht sanft und bringt Gewinn,
Ein stiller Gruß, mein lieber Freund.

Das Licht verglimmt im Abendrot,
Die Sonne senkt sich, Tagesflut.
In Bäumen raschelt leiser Tod,
Ein Flüstern in der stillen Glut.

Gedanken schweifen, fanden Ruh,
In stiller Zärtlichkeit vereint.
Ein Frieden legt sich über uns,
Ein Augenblick, der uns vereint.

Die Sterne blinken, fern im All,
Das Dunkel kommt, die Nacht beginnt.
Ein Abendwehen, sanfter Schall,
Der Welten Flüstern mit sich bringt.

Im Dunkel dieser stillen Nacht,
Die Seele endlich Ruhe fand.
Der Sternenmantel uns bewacht,
Ein Abendwehen, zart und sanft.

Schattenspiel im Abendlicht

Im Abendlicht, ein Schattenspiel,
Die Figuren tanzen leis im Wind.
Ein zartes Flüstern, unverhohlt,
Und Schatten leben aufgesinnt.

Ein Spiel von Licht und Dunkelheit,
Das Leben zeigt sich kunstvoll dar.
Ein Schattenspiel, voll Zärtlichkeit,
Die Farben leuchten wunderbar.

Die Bäume werfen lange Züge,
Im letzten Schein des Tageslicht.
Die Schatten tanzen, Flügelmüde,
Bis endlich ihre Kraft versiegt.

Im Zwielicht feiern sie den Tag,
Die letzten Strahlen, zart und klar.
Ein Schattenspiel, wie ich es mag,
Verzaubert Nacht und Mondeschaar.

Im Dunkeln endet dieses Spiel,
Die Stille breitet sich nun aus.
Ein Schatten war des Tages Ziel,
Und Frieden kehrt auch hier nun ein.

Sanft im Abgang

Ein Glas in meiner zarten Hand,
Die Sonne sinkt im Hinterlauf.
Der Tag nimmt Abschied, still im Land,
Ein Abgang sanft, Genussverlauf.

Der Wein, er glänzt in warmen Tönen,
Geschmacksgefühle schwingen nach.
Ein Trunk der Seele, leichtes Krönen,
Ein Augenblick, den ich so mag.

Die Stille bricht, ein leiser Klang,
Und Vögel singen Gute Nacht.
Ein Gläschen nur, es zieht entlang,
Sanft im Abgang, Sterne erwacht.

Ein Schluck, Erinnerung verweht,
Diesen Moment halt' ich so fest.
Der Abend sich zur Ruhe legt,
Ein Frieden kehrt ein, flieht die Rast.

Im Dunkel nun, der letzte Trunk,
Der Mond sich zeigt, die Nacht beginnt.
Der Tag, er endete so jung,
Sanft im Abgang, stiller Wind.

Die Stille breitet sich aus

Die Stille breitet sich nun aus,
Der Abend senkt sich still herab.
Die Vögel singen ihren Schluss,
Und Frieden legt sich Dorf und Stadt.

Kein Laut, der in die Nacht sich schleicht,
Die Welt, sie schweigt im Zartgeflügel.
Ein Augenblick, wie so erreicht,
Ein Herrlichkeit, des Nachtes Siegel.

Das Mondlicht streift die Baumkron' sanft,
Ein leiser Wind weht durch das Laub.
Die Welt, sie hält den Atem an,
Die Nacht, sie webt ihr zartes Blau.

Ein Sternenmeer am Himmelszelt,
Die Stille breitet sich nun aus.
In dieser Nacht, die uns gefällt,
Ein Traum, der lebt im Lichteseck.

Ein Ruhepol, so tief und still,
Die Schatten um uns legen sich.
Ein Augenblick, für uns ein Ziel,
Die Stille breitet sich aus nicht.

Traumbereit

Im Dunkel der Nacht, wo Sterne tanzen,
finden Herzen Frieden, die im Schlaf entranzen.
Durch Welten ziehen, wo Träume blühen,
und stille Wünsche sanft erklingen.

Wo Nebel wallen und Flüsse glänzen,
durch endlose Weiten Gedanken schwänzen.
Da ruht die Seele, von Last befreit,
im Reich der Träume, traumbereit.

Hier fliegen Bilder, farbenreich,
über Wiesen von Samt, im Mondenschein weich.
Auf Flügeln der Nacht, die Zeit verweilt,
wo tief im Innern ein Lächeln heilt.

In stillen Hallen, von Geheimnissen voll,
spielt uns das Leben seinen sanften Groll.
Wir sind die Weber, im Schlaf, im Traum,
im Abenteuerland, erfüllt von Staunen.

Hin zu den Sternen, die Ferne erkunden,
wo Melodien und Fantasien im Raum sich runden.
Der Geist, er wandert, frei und bereit,
im Traumreich, wo keine Grenzen die Zeit.

Weder Tag noch Nacht

Zwischen Dämmerung und Morgengrau,
erwacht die Welt, so leis und schau.
Im Schein der Sterne, früh und klar,
verschmilzt die Zeit, das wird uns klar.

Magisch leuchten Bäume traumverschleiert,
der Himmel bunt, von Licht befeuert.
Ein Hauch von Ewigkeit, im Zwielicht, dicht,
wo die Stille spricht und nichts zerbricht.

Die Schatten tanzen, verströmen mild,
Gestalten, die im Halbdunkel sind wild.
Ein seltsamer Zauber liegt in der Luft,
der sanfte Duft, ein zarter Ruft.

Wir träumen wach, im Zwischenreich,
weder Tag noch Nacht, so schicksalsgleich.
Die Seele fliegt, losgelöst und frei,
im Augenblick, der endlos scheint vorbei.

Der Horizont, er wispert leis,
die Welt, ein Märchen voller Fleiß.
Die Geborgenheit im goldnen Licht,
der Morgen rückt näher, doch unsichtbar ist.

Grenzen des Lichts

Am Rand der Dämmerung, im Schimmer sanft,
umfangen wir das Licht, so unverkrampft.
Die Farben fließen, in Wolkenmeeren,
ein Schauspiel fein, zum Herzen begehren.

Die Grenzen des Lichts, sie verschwinden,
in Momenten, die wir dort finden.
Ein Leuchten, das die Weiten durchzieht,
den Pfad ins Geheimnis uns bietet, so lieb.

Im Glanz des Morgens, im ersten Strahl,
finstern die Schatten, doch bleibt kein Mal.
Ein goldner Faden, zieht durchs Blau,
endet am Horizont, im leichten Tau.

Wo Tag und Nacht sich zärtlich berühren,
die Winde flüstern, Träume verführen.
Die Augen, sie tauchen tief hinein,
ins Licht, das zeigt, wir sind nicht allein.

Grenzen des Lichts, ein ewiges Spiel,
das uns gebunden in Harmonie und Ziel.
Durch Wandel der Zeit, unermüdlich,
zeigt uns die Welt stets neu und friedlich.

Träumende Farben

Eingefangen in Träumen, Farben regnen,
ergänzen das Leben, das wir segnen.
Im Strahlenmeer, da schweben wir,
erfüllt von Tönen, so sanft, ziehfier.

Die Farben tanzen, ein lebend'ger Reigen,
ein Spektrum von Wundern, die uns begleiten.
Das Blau des Himmels, die Erde braun,
darüber glänzt der Regenbogen, kaum zu schauen.

Im Traumland, da blüht das Leben,
schillernd bunt, ein Fest zu geben.
Jeder Schatten, sanft verwischt,
jede Farbe, ein Hauch, wie Fisch.

Die Seele schwingt, im Farbenmeer,
die Augen leuchten, wollen mehr.
Ein jeder Strahl, ein zartes Licht,
taucht uns in Freude, die nicht bricht.

Träumende Farben, sie singen leis,
von Liebe, Hoffnung, ohne Preis.
In diesem Reichtum, geborgen und frei,
verbinden wir uns, so bleibt es dabei.

Zwischen Tag und Nacht

Zwischen Tag und Nacht, ein flüchtiger Gruß,
Wenn die Sonne langsam sinkt im Abendkuss.
Die Welt wird still, nur das Herz, es pocht,
Im Dämmerlicht, das Zauberwelt verspricht.

Der Himmel färbt sich sanft in purpurnes Licht,
Ein Vöglein singt sein letztes Abendlied.
Die Zeit scheint zu stehen, in seliger Ruh,
Zwischen Tag und Nacht finde ich dich.

Ein Moment des Friedens, der selten verweilt,
Zwischen gestern und morgen, hier und jetzt.
Die Sterne blinken, fast wie ein Tanz,
Ein Hauch der Ewigkeit im Mondenglanzt.

Die Schatten werden länger und vergessen sich,
Zwischen Dunkel und Licht ein Spiel der Zeit.
Die Seele atmet, tief und frei,
Im Schweigen der Nacht, das Herz erwacht.

Zwischen Tag und Nacht, ein sanftes Spiel,
Ein Flüstern der Träume, wunderbar und still.
Die Welt in Balance, das Herz ganz leicht,
Ein Augenblick, der in die Ewigkeit reicht.

Abendhauch

Ein Hauch des Abends streicht durchs Land,
Die Sonne sinkt wie goldner Sand.
Die Farben tanzen, sanft und mild,
Ein Frieden, der die Stille füllt.

Der Wald flüstert leise, ein alter Freund,
Die Blätter wiegen sich, vom Wind vereint.
Die Nachtigall singt ihr süßes Lied,
Im Abendhauch, der Träume wiegt.

Der Himmel trägt ein Kleid aus Samt,
Ein Sternenstaub, der langsam flamt.
Der Tag verabschiedet sich in Ruh,
Der Abendhauch bringt Frieden zu.

Die Seele lauscht, ganz unbeschwert,
Ein Hauch von Ewigkeit, so unversehrt.
Die Gedanken fliegen, frei und weit,
Im sanften Hauch der Abendzeit.

Und wenn der Mond mit Silber malt,
Und leise durch das Dunkel strahlt,
Dann atmet tief der müde Geist,
Im Abendhauch, der alles leist.

Schattenwanderung

Ein Schritt in die Schatten, ins Ungewisse,
Wo Dunkel sich verliebt in stille Küsse.
Die Nacht umhüllt mit sanftem Grau,
Ein Reich der Träume, stark und trau.

Durch Wälder schwebt ein heimlich Licht,
Geführt von Händen, die man nicht sieht.
Ein Wispern aus vergess'nen Tagen,
Die Schatten bleiben ungelagen.

Die Seele wandert leicht und frei,
Durch Schattenreich im Sternenbrei.
Die Zeit verliert ihr strenges Maß,
Ein Wanken zwischen gestern und was war.

Ein Geheimnis birgt die dunkle Nacht,
Im Schattenspiel erwacht die Kraft.
Ein kleines Flüstern, sacht und leis,
Erzählt von Wundern, die kaum einer weiß.

Und wenn die Sterne schließlich winken,
Und Mondlicht leicht die Schatten schmücken,
Dann endet meine Wanderschaft,
In Schatten, die der Traum erschafft.

Lichtflüstern

Ein Flüstern im Licht, zart und klar,
Die Sonne scheint, so wunderbar.
Ein neuer Tag, der Hoffnung schenkt,
Ein Leuchten, das die Seele lenkt.

Der Morgen küsst die Blumen wach,
Ein Funkeln, das den Tau verjagt.
Ein Lichtspiel tanzt auf samtner Haut,
Im Morgenhauch, so leichtvertraut.

Und wenn der Tag sich sanft entfaltet,
In Farben, die das Herz gestalten,
Dann führt das Licht mich Schritt um Schritt,
Ein Flüstern, das nie endet, mit.

Das Licht erzählt von weiter Ferne,
Von Träumen, die wie Sterne glühen,
Von Wegen, die noch keiner sah,
Das Flüstern ist mir immer nah.

Die Dämmerung kehrt sacht zurück,
Der Tag vergeht, ein kurzer Blick.
Ein Flüstern, das noch lange bleibt,
Von Licht geführt, durch Raum und Zeit.

Versinkender Himmel

Der Abend senkt sich still herab,
Die Sterne leuchten schon so klar,
In dieser ruhigen, sanften Nacht,
Erscheint der Himmel wunderbar.

Ein sanftes Glitzern in der Ferne,
Die Welt schläft ruhig, träumt erregt,
Der Mond kommt langsam auf die Bühne,
Die Nacht ihn zart, in Armen trägt.

Die Dunkelheit umhüllt die Welt,
Ein sanfter Wind durch Wälder weht,
Der Himmel versinkt in tiefem Blau,
Ein Sternenmeer, das niemals geht.

Die Zeit steht still, ein leises Flüstern,
Von träumerischen Wellen, sacht,
Der Kosmos scheint uns zu umarmen,
In einer sternenklaren Nacht.

Es ist ein Zauber dieser Stunden,
Wo Himmel und Erde sich verbinden,
Ein Schauspiel voller tiefer Wunden,
Und doch kein Herz lässt es geschunden.

Aufziehende Bestimmtheit

Der Morgen graut mit starker Hand,
Die Sonne steigt aus ihrem Schlaf,
Ein neuer Tag, so hell und klar,
Verleiht uns Mut und eine Bahn.

Die Luft erfüllt von frischem Leben,
Ein Hauch von Freiheit in dem Wind,
Jeder Schritt mit festem Willen,
Erfolgreich, wenn wir zusammen sind.

Ein Pfad, der sich vor uns erhebt,
Die Zukunft ruft in klaren Tönen,
Geh tapfer weiter, unverzagt,
Wird unser Herz bestimmt verwöhnen.

In jeder Tat und jedem Wort,
Die Bestimmtheit unser Leitstern,
Erfüllt von Kraft, die uns antreibt,
Zu suchen, zu finden, nicht fern.

Die Welt steht offen, voller Chancen,
Ein neues Licht in jedem Blick,
Wir folgen mutig diesem Rufen,
Und finden darin unser Glück.

Geheimnisvolle Stunde

Die Uhr schlägt leise, wie im Traum,
Die Nacht umhüllt uns sanft und sacht,
Ein Schleier liegt auf Stadt und Land,
Ein Funkeln in der dunklen Pracht.

Durch Schatten tanzen Elfen still,
Ein Wispern zieht durch diesen Raum,
Die Zeit, sie scheint fast still zu steh'n,
Gefangen in des Mondes Saum.

Die Sterne flüstern uns Geschichten,
Von Welten fern und längst vergehn,
Ein zauberhafter, feiner Klang,
Der Wahrheit und das Märchen sehn.

In dieser Stunde, leicht umhüllt,
Verbirgt sich manch' Geheimnis fein,
Die Welt, sie wirkt so groß und weit,
Ganz anders als am hellen Schein.

Der Augenblick hält den Atem an,
Ein Mysterium, das uns lockt,
Die geheimnisvolle Stunde ruft,
Und wir ihr folgen unerschrocken.

Goldener Abschied

Der Herbstwind streichelt sanft die Blätter,
Die Sonne taucht die Welt in Gold,
Natur verzaubert, still und leise,
Der Abschied naht, doch sie bleibt hold.

Ein Feuermeer aus warmen Farben,
Der Himmel glüht im letzten Schein,
Ein Flüstern, dass die Zeit verkündet,
Der Sommer geht, der Herbst zieht ein.

Das Laub, es tanzt im Winde sachte,
Verabschiedet sich von jedem Baum,
Ein Ritual des sanften Wandels,
Ein goldener Abschied wie im Traum.

Die Tage kürzer, Nächte kühler,
Doch eine Wärme bleibt bestehen,
In Herzen tragen wir den Sommer,
Bis neue Blüten wir dann sehen.

So neigt sich diese Zeit dem Ende,
Doch in uns bleibt sie stets bewahrt,
Ein goldner Abschied, voller Frieden,
Die Tür zur neuen Welt uns spart.

www.ingramcontent.com/pod-product-compliance
Lightning Source LLC
LaVergne TN
LVHW051955060526
838201LV00059B/3652